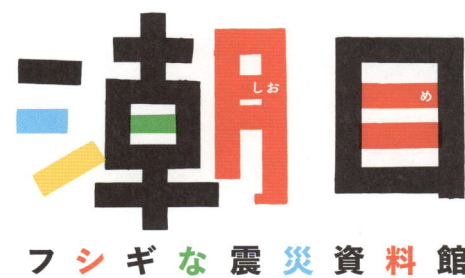

潮《しお》目《め》

フシギな震災資料館

大津波資料

片山建設
大津

祝

はじめに

この本は、岩手県大船渡市の沿岸部の越喜来という土地にある不思議な建物「潮目」についての本です。

潮目は、地元に住む片山和一良《わいちりょう》さん（通称・わいちさん）が東日本大震災の際のガレキを使って作った小さな震災資料館で、越喜来湾のすぐそばに建っています。

わいちさんは、どうしてこのようなガレキの震災資料館を作ろうと思ったのでしょうか？

この本では、潮目の成り立ちと経過を、潮目の製作者であるわいちさんの文と、地元の方、私、そして外から訪れた人々の写真で紹介したいと思っています。

一人でも多くの人に、潮目という場が放つ力を感じていただけたらうれしいです。

中村紋子

潮目　フシギな震災資料館目次

日本一不便なところ

越喜来と書いてオキライと読む。文字だけ見て、すぐにオキライと読める人は、なかなかいない。どこにでも難しい呼び名や地名があるが、ここもそのひとつだ。

越喜来、越喜来と言うが、越喜来町という地名はない。越喜来は大字で、正式には岩手県大船渡《おおふなと》市三陸町（大字）越喜来となる。平成の大合併によって大船渡市に併合されたが、その前は気仙郡三陸町だった。

気仙郡には三陸町と住田町のふたつの町があったが、現在は気仙郡は住田町だけになった。三陸町の前は三陸村という名前で、旧越喜来村と旧吉浜村そして綾里《りょうり》村が合併したのが三陸村だった。それ以前のことは俺の知識外のことだ。

いわゆる戦国時代の頃には、この辺りは伊達藩に属していた。それならば宮城県になるのが普通なはずだが、なぜか岩手県になっている。明治以降、越喜来村を名乗っている時には、先の三村の他に現在の釜石市と併合した唐丹《とうに》を合わせて「奥四ヶ浜」という地域名が使われていたようで、子供の頃に両親がよく使っていた。今でいう県大会や地区大会になるんだろうが、奥四ヶ浜大会というのがあったそうだ。

地名から話が脇に反れたが、今の岩手県にあたる南部藩とも宮城県にあたる伊達藩とも、一番はずれにあたる場所にあって、中央政権の力があまり及ばない地域であったろうと想像がつく。

宮城県

岩手県
釜石市
夏虫山
大船渡市
三陸町越喜来
陸前高田市
太平洋
岩手県

97 8 26

越喜来にも、一時は「陸の孤島」「岩手のチベット」だと、自分の生まれ育った地を自分達で卑下する人がたくさんいた。国道が通り、鉄道が通ったときには悲願達成で、こぞってお祭り騒ぎだったことは記憶に新しい。

確かに今でも、交通の便は、日本でも有数の悪さだと思う。一関からも、水沢からも、盛岡からも、あんまり時間的には変わらない。まぁ2時間かな？一番近い飛行場は花巻だから、飛行機で来たとしても、花巻からでも同じくらいかかる。

三陸鉄道南リアス線三陸駅の前にある案内板には、キャッチフレーズのつもりだろうが、「科学のまち」と書いてある。これは三鉄社内でも似たように使われていて、三陸駅の別名として「科学の光」というフレーズが使われている。三陸町時代に東北大学の地震観測所や北里大学が建てられ、科学の先進地との謳い文句で使ったもののなごりだろう。

だが、どっちかって言うと俺は、刈谷旧町長時代に使われていた「まるごと博物館」のほうが好きだし、しっくり来るなあ。

越喜来というのは、前には海があり後ろには夏虫《なつむし》山が控える自然豊かな風景の中で、空気もいいし、海も山も季節感を感じるし、気候だって北国には違いないが、雪は降っても10cmか20cmで「岩手の湘南」と自負できる温暖なとこだもの。

だから、日本一不便な所と開き直ってはいるけれど、行ってみたい日本一をめざしたいなあ～。

2011.3.11
その日

津波が町を押し流していった

盛川の河川工事の現場にいた。地震が長いこともあって、すぐに土手に上がり、ダンプの横に立つ。河川に降りる階段から10cmくらいのところに車を止めてあったから、落ちないかと心配しながらタイヤを眺めていた。激しく揺れが続いた。付近の菓子店の瓦が県道に崩れ落ち、道路を塞いでしまった。すぐに交通渋滞。もちろん歩道は屋根の下なので、危険で通れない。その日は4トンダンプを使って河川に積む天然石の運搬作業していたため、一台を除いて、帰る途中だった。

先に越喜来に帰っていた一人は自分の船が心配で海岸まで見に行ったが、あまりのすごさにすぐに引き返したという。波に追われながら山手の道路を逃げ、途中、老人ホーム「三陸の園」で職員と共に老人達を引き上げたそうだ。そいつは大柄で、力もあった。一人はかついで、一人は手で引っ張りあげたという。結果的に、三陸の園では50余命が犠牲になった。一人ひとりにもっと力があれば、もっと助けることができたと、彼は言うが……言葉もない。

俺がその時早く帰っていたら、海にはいかず、事務所に向かったと思う。事務所は越喜来小学校の体育館の隣にある。もし帰っていたらと思うと……。

盛川で崩れた瓦の片付けに奔走した後、交通誘導をしていたら警察が来たので、後はおまかせし、帰り道を急いだ。国道から越喜来には入れる状態ではなく、高台にある旧ドライブインから町を眺める。唖然。道路で泣き崩れる女子の叫びは、いまでも記憶している。国道に車を止めて山の中を通り、家族が避難しているだろう公民館をめざした。年寄り達（オヤジ、おふくろ）は事務所にいたはずだが、普段から地震＝津波の意識が強かったため、たぶん逃げたろうとは思っていた。公民館には、越喜来小学校の生徒も含め、たくさんの人達がいた。

津波は何度となく繰り返し押し寄せ、そのたびに音を立てて家屋を持っていく。「あれ〜、〇〇家だ、ああそんなぁー」という叫びが、そっちこっちで聞こえた。そんな中で「あれ、あれ」という声。小学校の屋上に2人の人影が見える。「人がいるぞお」とみんなで叫んだ。高台にいた大勢の人達が口々に「あぶねえー」「そこにいろ」「もっと上にぃ」「ああー」と声をかけ、叫び声が混同する。はたして聞こえたかどうか?

津波が来るのと引けるのがぶつかって白い柱になって波しぶきとなる。小学校の体育館の屋根が空気の行き場をなくして、ボーンという音と共に持ち上がった。彼らのいる屋上以外は辺り一面海になっている。津波に囲まれた状態で本人達は必死だったと思う。そのうちにいったん、津波が引いた。その瞬間に、どこからどこまでかは見ていなかったが、飛んだらしい。「早くこー」と、みんなでまた叫ぶ。足をくじいたらしく、駅前の道路を片足を引きずりながら、俺達のいる高台まで必死で駆け上がる姿が目に入った。

その晩はかなりの寒さだったけど、小学生も含め、南区公民館にみんなで肩を寄せ合って泊まった。三陸町ではすぐに被災本部を設置したはずだが、その本部と連絡がとれたのは3日後だった。越喜来湾の向かい側に明かりが見えているのだが、津波の被害が激しく、湾の向こう側まで移動して連絡が取れなかったのだ。

まさに壊滅的な被害。どこでもそうだったろうけれど、越喜来小学校と三陸駅があり越喜来の中心と言ってもいい南区でも当然、通信が途絶え、燃料はままならず、ガスはもちろん電気や水道も使えない。春とはいえ、夜は時には雪が降る寒さ。越喜来の中心であったはずの南区が一時孤立状態になった。

でも、団結をさらに強くしていくのが田舎のいいところ。震災の次の日から、まずは自分達の生活道路を確保しようと、人力でのガレキ撤去が始まった。ガレキは軽トラで公民館に運搬して焚き火をし、外に張ったテントのための、夜の明かりと暖にした。

3日目には自主的に一日2食制限をしたが、いつまで続くか不安がつのる。そんな中、流された車からガソリンや軽油を抜き、販売機から飲み物を集めた。得意分野でそれぞれが動く。チェンソーで木を切る者。それを薪にする者。もちろんガレキ片付けは続ける。そして、夜は焚き火。いつしか公民館の周りを南区テント村と呼ぶようになった。

JA-SS

テント村

2011.5
「未来の越喜来」展

子供達に教えてもらったこと

避難所のテント村の若い奴らは、昼にはガレキ片付けに奔走していた。弱音をはいたり悲観する奴はいない。毎晩焚き火を囲みながら、明日の作業の段取りや今後の事を話していた。津波で流されてしまったことは現実として受け止め、今後の街づくりをどうしようかと、模索、検討、討論した。そこで俺が言い出しっぺに「若者、特に子供達の意見も聞いてみる必要があるなあ」と提案。「まさか、この場に子供達を招いて討論会もないだろう」「よし、画用紙に未来の越喜来の絵を描いてもらって、これからの街づくりの参考にしよう」というわけで、さっそく小学校と中学校にかけあった。が、まだ学校が再開されていないこともあって、「いまは、それどころではない」という返事だった。冷静に考えれば、それもそうだ。子供達にしても、被災してすぐに絵を描けなんて、無謀な勝手な事だよなと少し反省。諦める。それから何日か後に、保育所を借りる形で小学校は再開した。

しかし、なんと、忘れかけていた頃、越喜来小学校の教頭から電話があった。

「絵をどうしますか?」「絵?　え?……???」

なんと小学校が、子供達に絵を描いて欲しいという依頼に取り組んでくれていた。これには、感動に近い驚きがあった。なかば諦めていた子供達の絵。これは、ぜひたくさんの人達に見てもらいたい。その時から展示場所を探した。小学校は言うに及ばず、中央公民館もダメ。ほとんど壊滅的な状態の越喜来に展示場所などあるはずもないが、なんとかしたいという一念だった。

JA-SS

》2011.5「未来の越喜来」展

越喜来は当時70名ほどの生徒数だとおもうが、描いてくれたのは43名。あとで少し反省することになったが、サボッテ描かなかったのはたぶん少数で、描けなかった子もいただろう。せっかく辛い思いをしてまで描いてくれたのだから、なんとかせねば。

できてきた子供達の絵が予想外に現実的だったのには、俺もビックリした。空中を走る電車や車となど空想の絵ができるだろうと勝手に思っていたから。でも、子供達が描いた未来の越喜来には、以前の学校があり、パン屋があり、山があって森がある。も

2年 熊谷李美
3年 熊谷 真帆
3年 古水さやか
3年 花崎 踊
5年 及川 雄介
6年鈴木理也
6年道下麗
3年 坂本美岬
3年 平澤 雄大郎
3年 古水（おり）
5年大津果穂
6年刈谷尚輝
3年 石澤 響
3年 刈谷 楓
4年 石川 元気
6年平田このみ
4年 若林 咲良
5年及川 日向子
3年 平田直也
3年 梅澤麻美
5年刈谷志乃美
5年 佐藤 皆
5年菊地南美
2年 大津 暖
2年 地舘 凪海
5年川畑千夏
6年白石山河
6年 三浦大暉

し子供達が津波以前の越喜来に愛着がなく、嫌いだったなら、こんな絵は描かないだろう。俺は自分に恥じた。まずは津波以前の町にしよう。いま、子供達にとって、未来とは津波以前の町そのものなのだ。

探して、探して、役場近くの県道沿いにあるJAスタンドに目を付けた。ガレキがたくさん残っていて、コンクリートの外塀は崩れた状態。鉄柱3本だけで大きな屋根を支えていたが、雨を凌げればなんとかなる。即、役場に電話したが、「安全上問題が多すぎる。農協側がどう考えるかですねぇ」との返事。まぁそうだろうとは思ったが、一応、筋は通さないとね。次に、農協。管理をしているのは支所だから順をいけば支所長だろうが、即決回答が欲しくて直接組合長に電話した。そこでもやっぱり安全上どうのこうのという話。でも、「責任は俺が持つし、スタンドの解体までの限定で許可して欲しい」と、返事をためらう組合長に半ば強引に、一方的にお願いした。危険は承知さ。だって、この今の状態で安全な場所なんてない。そんな事を気にしていたら、なんにも進めやしないし、できない。俺がまず一番に考えることは「子供達の思いや想い」。それこそが最優先だと思うから。

雨が凌げればとは言ったものの、大事な絵を濡らしてはいけない。まずは貼り付けるパネルを作る。タイミング良く、南区にボランティアしたいと言って来てくれたICU(国際基督教大学)の面々がいたので、ガレキからパネルの材料を探してもらった。稲を乾かす時に使う長い木(通称ナガキ)をスタンドの柱に横に3本くくりつけたものに、拾い集めた合板を釘や番線で固定。高さ1.8m、長さ7mという巨大な掲示板ができあがった。子供達の大切な絵の一枚一枚に雨から守るための保護ビニールをかぶせ、ボードに貼っていく。事前に声がけはしていたけど、子供達も応援に来てくれた。子供達にも俺の想いと熱意は伝わっている。ありがとう。たくさんの人達に見て欲しいものだ。

前よりいい町に

前よりいい町に
越喜来

》2011.5「未来の越喜来」展

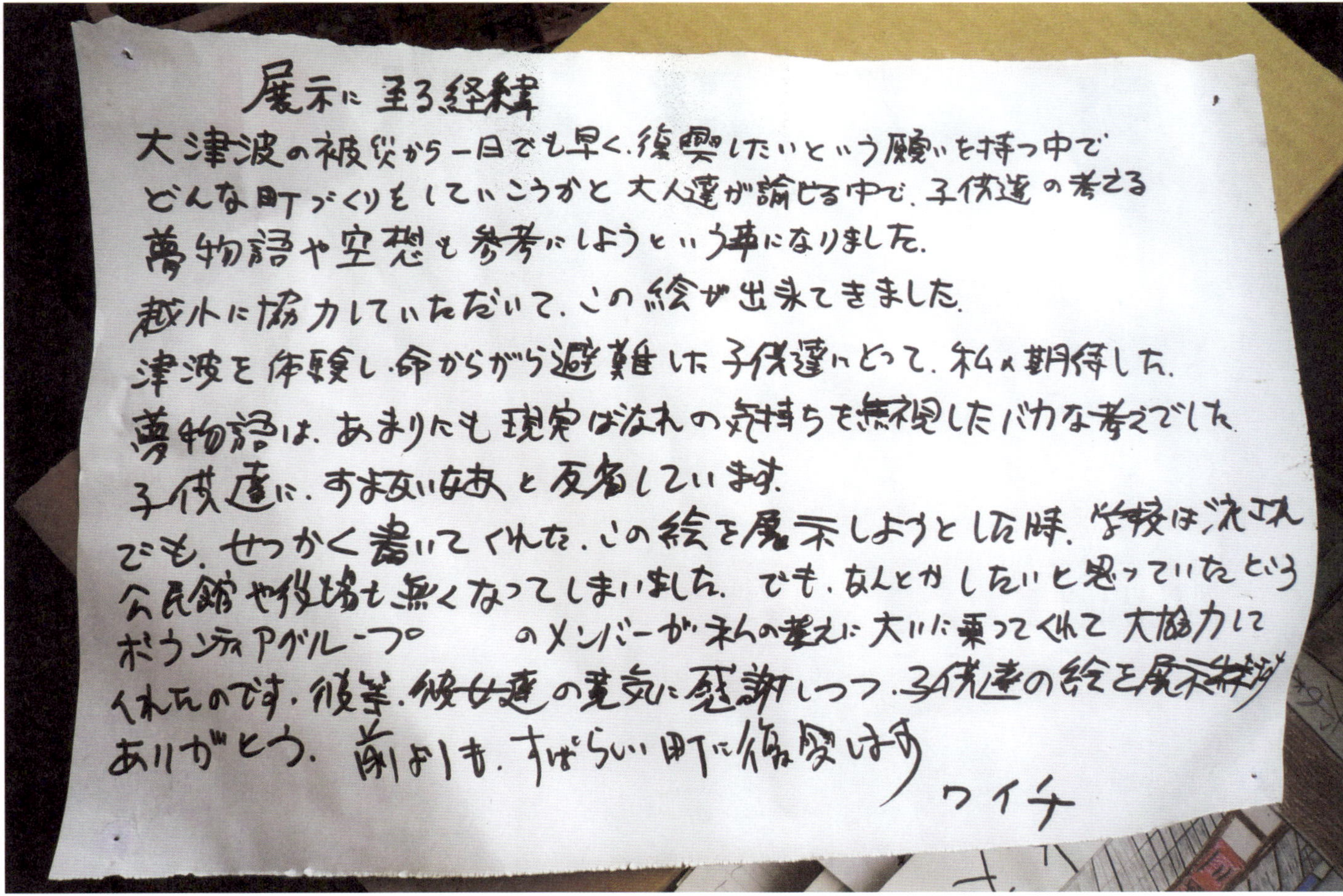
展示に至る経緯
大津波の被災から一日でも早く、復興したいという願いを持つ中で
どんな町づくりをしていこうかと大人達が論じる中で、子供達の考える
夢物語や空想も参考にしようという事になりました。
越小に協力していただいて、この絵が出来ました。
津波を体験し、命からがら避難した子供達にとって、私が期待した
夢物語は、あまりにも現実ばなれの気持ちを無視したバカな考えでした。
子供達に、すまないなあと反省しています。
でも、せっかく書いてくれた、この絵を展示しようとした時、学校は流され
公民館や役場も無くなってしまいました。でも、なんとかしたいと思っていたという
ボランティアグループ　　のメンバーが私の考えに大いに乗ってくれて大協力して
くれたのです。彼等、彼女達の勇気に感謝しつつ、子供達の絵を展示続けます
ありがとう。前よりも、すばらしい町に復興します
ワイチ

JA-SS
JA-SS
JA-SS

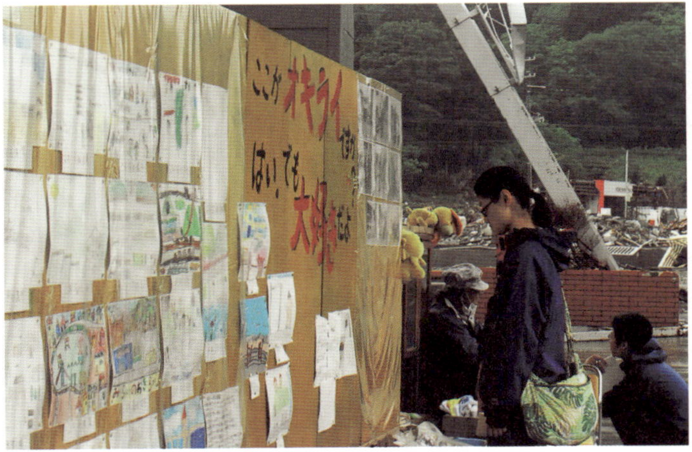

子供達とICUのボランティアの協力の末、やっとの思いで子供達の絵の展覧会を開くことができた。JAスタンドの跡地は通りに面した場所で、机やイスを用意してお茶飲みできるようにしていたこともあって、通り行く一般の人達にも好評を得、多くの団体の方々も見に来てくださった。子供達も学校帰りなどに立ち寄り、コミュニティーの場所として、予想以上の効果であった。

ところが、展示後1カ月くらいだろうか。「スタンドの解体が始まるので撤去してください」と市役所から電話があった。覚悟の上だったにしても、まだ1カ月。でも、撤去が決まるまでという約束で借りたのだから、文句は言えない。短い期間で残念だが、撤去する。

2011.6.21
ガソリンスタンドからの移転

まさかの雨に涙した日

撤去せざるを得なくなったことで、そっちこっちの学術関係者から「ぜひ私達のところで、展示したいから貸してくれないか?」と問い合わせが殺到した。ただ、絵は俺のものではないので、「学校を通してくれ」という話だ。絵は学校を通して子供達に返還することにして、まずはJAスタンドから撤退・撤去することにした。撤去するにあたり、再びボランティアと子供達に声を掛けて手伝いを頼んだ。市内に来ていた東京芸大の学生とその関係者が来てくれた。子供達も13人が来てくれた。

その後この子供達の絵は、学校が保護者から了承を得て、関西国際空港などに貸し出したらしい。

期間は短かったけど、学校や子供達への想い・約束は一応完了した。しかし、撤去は仕方ないにしろ、コミュニティーの場所になりつつあったせっかくの場所がなくなってしまうことへの無念が大きくなっている。

実は、次の構想は既に考えていた。子供達と芸大に応援を頼んだのには、魂胆がある。画用紙に描いてくれた絵は当然個々の物だから返すことにしていたが、画用紙を貼った大きな掲示板のようなボードは何かに使えると思っていた。合板7、8枚だから、長さは約7m、高さは1.8mもある。これを1枚の絵にしたいと思っていた。撤去の手伝いを口実に、皆で絵を描いてくれないかとお願いしたら、みんな賛成してくれた。芸大生が指導をしながら、エンピツで下書きをし、ペンキで色を塗り、夕方には巨大な1枚の絵ができた。その絵を中心にしてコミュニティーの場所作りをしようと考えていたのだ。

ですか

》2011.6.21　ガソリンスタンドからの移転

　事前に、スタンドから約100mの地点にある知人2軒の土地の借り受けの了承を得ていた。もちろん、そこも津波の被害にあった場所で、土地利用が決まるまでという約束だ。

　ところが、絵が完成し、さあ運ぼうという時に、思わぬ事態が発生。雨だ。まだペンキが乾いていないのに……トホホ。ほんとは雨が上がってから移動すればいいのだが、明日はスタンドは使えない。急いで移動をしてビニールシートを被せ、立てるのは後日に決定。絵を見ると、いくらか流されているのがわかった。芸大の女の子が泣いて悔しがる。その女の子に言った。「また来る口実ができたね。夏休みにでも来て、この悔しさを補修してね」「絶対にまた来ます」と言って帰っていった。翌日、乾いたのを確認して、絵を立てた。子供達14名の力作にして傑作。上手い下手や技術的にどうかは別にして、子供達の想いが描かれた大パネル巨大絵がここに誕生した。「みんなの仲良し広場」の制作への第一歩だった。

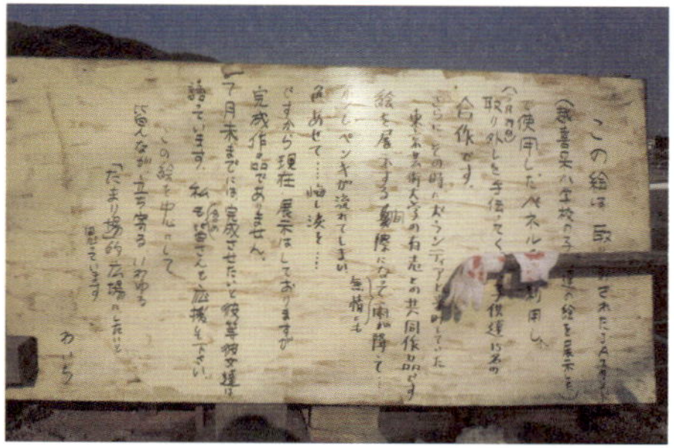
この絵は
合作です。
ですから現在 展示はしておりますが
完成作品ではありません。
この絵を中心にして
「たまり場的広場」

前へ…　思い想い　一歩一歩
画作：子供達有志一同

2011.7.9
「仲良し広場」オープン

前を向いて、笑顔を取り戻すために

涙と雨で流された絵は、その後約束どおり芸大学生が来て補修とコーティングをしてくれて完成した。子供達14名の想いと学生達の想い、そして俺の熱い想いがぎっしりと詰まった超大作だ。

絵を描いている途中、特に男の子は集中せず、いたずらにペンキで服や手を塗りたくって、ガレキの中で駆け回っていた。そこで子供達を集めて話をした。「ひとつ、提案があるんだがなあ」「えっ、なにない?」「じつはこの絵を中心にして、みんなで休んだり、遊んだりできる広場を作りたいと思っているんだ」「一緒に手伝うか?」「おもしろそう、やるやる」「おれも」「おれも」「わたしもやりたい」話はトントン拍子にまとまった。

それからは材料調達に奔走。屋根つき休憩所、滑り台、ぶらんこ、砂場、トンネル、花壇など。既製品はひとつもなく、ほとんどがガレキで作った遊具だ。遊び場を作ろうとしたわけではなく、コミニティー広場が欲しかった。そしてもうひとつ。子供達と一緒に作ることが目的だった。子供達のためにやるのではない。俺が作りたいと思ったものや考え方を、子供達に理解してもらって、賛同してくれたものを形にするように心がけたつもりだ。

子供達にも応援してもらいながら、ガレキを集めて広場を作った。ここをコミュニティーの場にして、笑顔を取り戻して、早く復興の気持ちになってくれたら。ガレキの柱を使ったブランコ、築山を作りその上からビー玉ころがしと滑り台ならぬ「スベリタイ?」、土管でできた地下トンネル、砂場、などなど。盛りだくさんの遊び心満載の広場ができた。

明日天
気になあれ

ここがオキライですか？
ハイ!!
でもでも
だ~い
好き
です
です！

みんなの仲よし

掲示板
近日
オープン
10日

復興は
みんなの

明日天
気になあれ

休んでってケラッせん
最初にひなん路カクニン!!
後方ス・ンドわきの
通路を上がれ

》2011.7.9 「仲良し広場」オープン

玉を、ころがして青でセーフ

7/10

2011 07 10

2011.8.18
ゲートボール場を作った

お年寄りだって遊びたい

　子供達が遊び、通行する人達が休憩し談話する場所ができた。あと足りないのは、お年寄りが集える場所。となれば、ゲートボールだろう。子供達が遊ぶ傍らで、お年寄りが遊ぶ。これこそ地域のコミニティーの基本だ。さっそく隣接する土地を借りて、整備にとりかかった。ここでもボランティアの応援をもらい、開設時には一緒にプレーすることができた。ゲートボールの道具は、インターネットを通じて大阪の方から寄付をしていただいたもの。

　お年寄りがいて、子供達がいる。理想の風景がそこに見えた気がした。みんなの仲良し広場のゲートボール場である。

2012.1.7
二度目の移転

嬉しい誤算

ガレキで作った「みんなの仲良し広場」と「ゲートボール場」はいろんな意味で注目を浴びて、たくさんの人達が来てくれた。おかげで当初の目論見どおり、コミュニティー広場としての効果は大だったと思う。ただ、誤算もあった。誤算というよりは、まことに素晴らしいことだから喜ぶべきことではあるのだが……。

というのも、公園のまわりは元々商店街でもあり、越喜来の一等地である。だから使い道のある最高の場所なのだ。そこで、俺の予想よりもはるかに早く、復興の準備が始まった。仮設商店街や、ほとんどが大手建設関係の会社だが、仮設の事務所が軒並み建つことになった。もともと、無償で使用途が決まるまでの限定の約束であったから、撤去してくれと言われれば「はい、即、撤去します」と言うしかない。

しかし、みんなで描いた絵は、どんなことになろうとも保存していきたい。三度目の正直。もう一度だけ、あの絵を移動する。

2012.5
震災資料館を構想

大切なのは遊び心だ

子供達の絵を移動させた後、今度は何を作ろうかとしばらくの間考えていた。今度の場所は子供達の遊び場にするには地理的に無謀。周りにはなんにもないし、堤防がないから、目の前はすぐに海。そんな低地の場所に、子供を遊びに来させる親などいない。だから、仲良し広場的なものにはできなかった。別の角度からコミュニティーというものを考えて作らなくてはならなかった。建物を作りたかったのではない。作らざるを得なかった。

きっかけは、ある写真の存在だった。3.11の地震の時に、いつもの軽い気持ちで、海の近くにある県道に沖合いの様子を見に行った人がいた。その人はあまりにも巨大な津波の様子に慌てて逃げてきたわけだが、逃げながら、手にしていたカメラで必死に写真を撮っていた。自分の自宅が被災していたのも知らないで、だ。震災後、近所や知人の気持ちのこともあって、いっさい写真は出していなかったのだが、ある日、その写真を見せてもらう機会があった。そのとき俺は、これはみんなに公表して教訓として保存すべきだと考えた。逃げながら撮っていたので、リアルタイムでの津波の様子が解る貴重な写真だ。これを使った資料館を作ろうと決めた。

こうして、最初に絵を立てて、それから建物を作ることを決めた。でもただの資料館では、まったく俺の遊び心が許さない。なんだかんだで、遊ぶ場所が欲しい。でも、危険地帯である。それならば隠れ家だ、と考えたわけだ。

建物の名前は「潮目」に決めた。

》2012.5 震災資料館を構想

新しい震災資料館兼隠れ家は、ほとんどすべてガレキ材を使って建てることにした。まずは仲良し広場で使ったガレキを持ってきて、材料にした。それから、子供達と一緒に小学校へ行き、とにかくガレキを集めた。柱、梁はもちろん、板もトタンも扉や窓も。ガラクタの寄せ集めかもしれないが、そこが俺の変なこだわりだ。潮目はガレキと俺の想いの塊だと言える。

建て方といえば、穴を掘り、太い材料をだいたいの間隔で立てていっただけ。だから、普通の家では柱の間隔は1.8mとか0.9mと決まっているものだが、そうではない。通りも糸を張って正確に見たわけでもない。梁を渡すときも板を打つときも現場合わせだから、大工さんが見たら、きっと驚くだろうなあ。

この頃、黒色の低床で、よく親分が乗る車がこの辺りに止まっていた。見れば、声も掛けたくないようなごっつい体に顔が乗ってる。

何回か見かけた後、その人物が近づいてきた。何をしてるんだと聞かれたから、事情を言うと、「ガレキ片付けの仕事で大船渡に来てるんだが、週末は休みでヒマだから、手伝おうか?」と言う。なんかいい人だ。その日からすぐ、手伝いはじめてくれた。

沖縄出身で焼酎が好きだと言うので、いつか飲もうよと話していたが、ひと月くらいで福島の現場に移っていき、音信がとぎれた。年齢55歳くらいの「トマリ」という人。いつか、いつか、会いたいなあ。

潮目

潮目

2012.7.1
「潮目」開館

カラクリ屋敷と津波の資料

潮目は資料館と隠れ家のふたつのエリアからなる。もちろん、津波資料館が主ではあるが、隠れ家も大切な部分だ。隠れ家は迷路になっていて、自分も楽しみながら作ったカラクリ屋敷だといえる。意外なことには、子供達以上にボランティアで来た大学生くらいの若者達が喜んでいる。

カラクリと遊び心でいろんな仕掛けがある。安全面からだけ言えば、かなり危険なことは間違いない。声を掛けて注意したり、一緒に保護しながら体験させるようにしている。

遊び心といえば、一度来た人が二度目に来たときに何かしらが新しくなっているように心がけている。扉が開く向きを逆にしたり、新しいものを置いたり。一度制覇したつもりになったものでも、変化があると、また新鮮な気持ちで楽しんでもらえると思う。

潮目
漁
漁場
小壁丸

潮目の展示の中には、父から受け継いだ資料もある。父は震災後に亡くなってしまったが、大正生まれで、昭和の地震を経験しているから、地元の小学校などに出向いて行き、手書きの絵図を使いながら津波の怖さを語り継いでいた。それを知っている息子としては、せっかく潮目を作るんだから、一角に父用の展示スペースを作りたいと思うのは自然の流れだ。潮目に入って右側に、父が書いた絵図と資料があるから見て欲しい。

越小・校内にあった……
時計

公開中

っぱいあそぼう
頭上注意
押す
PUSH

津波を受けた地域の中でも、潮目のある沖田地区は一番被害が大きく、全滅した地域だ。南区という行政区には4班にわかれた64世帯があり、5割が津波に合った。沖田が属している3班は全戸が被害にあった。浦浜《うらはま》川の傍でもあったし、なによりも、こんなに低い所に住んでいたなんてと思うほど海が近い。そんな場所をあえて潮目の場所に選んだのは、想いがある。

沖田は被災場所でも一番低い場所だから、コミュニティーの場所としては不適切な所だ。それは解っている。津波が直撃したのだから、足が遠のくのも仕方がないかもしれない。でも、それを乗り越えないと。この場所をどうしたらいいのかを、いつか考えないと、前には進めないのだ。

いまでも津波の映像や写真を怖がって見ない、見れない人がたくさんいる。だが、酷なことだが、津波を過去の教訓として、立ち上がらないといけない時期がきている。早い段階で、被災した場所をどう復興していくのかを考えねばならない。そのために潮目を活用してくれたら、と考えている。

現在の役場通りができるまでは、越喜来の銀座通りであった沖田商店街。越喜来小学校の解体が決まり、浦浜川の災害復旧も始まり、今は潮目の周囲はダンプや重機でいっぱいだが、この地が将来、どんな復興がなされていくのかを見届ける役目も、潮目にはある。

》2012.7.1 「潮目」開館

2012.10.14
奇跡の階段を移設

妹の熱意に圧倒

津波で全壊した越喜来小学校は県道の約10m下にあった。従来の避難経路は、生徒達はいったん玄関から南側にある校庭に出て、それから校舎をぐるりと回って市道県道にでるしかなかった。南側というのは、海側のことだ。

そこで、この県道との落差を解消するように、平田武市議の発案で2階部分から渡り廊下式に非常階段を作った。完成したのは震災の前年の12月。市議は震災の9日前に病気で亡くなっていたが、この非常階段があったからこそ、越喜来小学校の子供達はすぐに県道に出ることができ、全員無事助かった。これが「奇跡の階段」と呼ばれるゆえんである。

そういった経緯があったので、この階段は絶対に残さなければいけないと、俺の妹から何度も話を持ちかけられていた。そうこうしているうちに校舎の解体が始まり、非常階段が少しずつ壊されていくのを見ていた妹は、いてもたってもいられない様子で、改めて俺に頼んできた。俺は負けた。すぐに解体業者に電話を入れて話をし、クレーンの会社にも無理を言って特急で来てもらって、とりあえず校舎から外して、反対側の空き地に仮移動。後日、潮目に移動し、屋根裏から出られる位置にくっつけた。

潮目を訪れた人たちは、誰もがこの階段の上に立ってみようとする。そして、この階段こそが子供達を救ったんだと話すと、皆の顔が感慨深くなる。

津波の傷跡がどんどんなくなる中で、この「奇跡の階段」は、平田議員が遺した大切な津波遺構の一つだと思っている。

SUMITOMO

2013.6.1
校門もピアノも集まってきた

とりあえずでも残さなくてはいけない

越喜来小学校の、津波で流された校舎のさらに前の旧校舎時代の石でできた正門も潮目で保存している。一時、対にあった片方が見つからず、「あんな重いものが流されるなんて」と不思議だったが、どうやら邪魔なガレキだと思った工事の業者が、土に埋めてしまったようだった。それも掘り起こして、とりあえず潮目の隣に置いてある。

これこそ貴重な逸品。なんとか残して生かしたい。越喜来小学校の記念碑を作るときなんかに、使えるだろう。

他にも、小学校で使っていたピアノの一部や、解体前にOBや先生が寄せ書きをした黒板なんかも、潮目にはある。

こういったものは、とりあえずでも残さなくてはいけないものだ。

潮目

2013.6.5
ハンコとバッジを製作

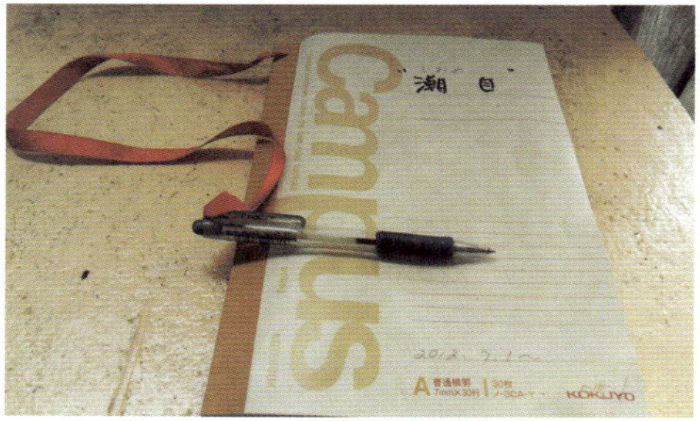

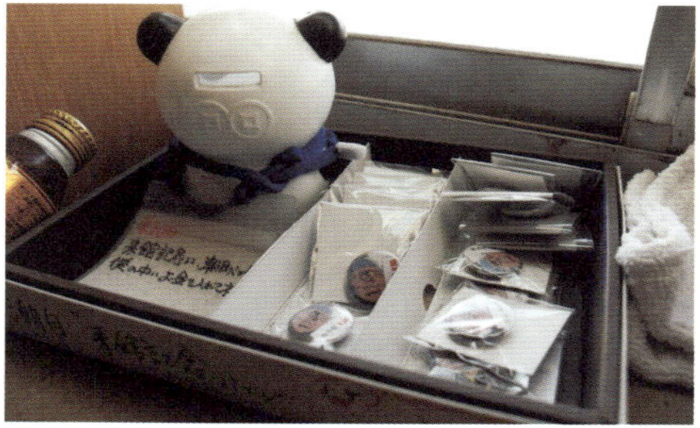

ないよりは、あったほうがいい

　復興応援の形は様々で、お金や物を寄付してくれるのは、もちろんありがたいが、越喜来に来てくれる、見てくれる。それが一番うれしい応援だ。潮目には来場していただいた人が自由に記帳できるようにノートがあって、いろんな励ましや体験や感想をいただいている。感謝の気持ちで一杯だ。

　ノートのそばには、来館記念のハンコも置いた。これは人に言われて作ったもので、元の絵はボランティアの美大生が描いてくれた。それを元に版画の要領でハンコを作ったのだが、大きすぎたようで、スタンプ台をはみ出している。

　同じ絵でバッジも作って、記念品として売り物にしている。これはさんてつでバッジを作る機械を使わせてもらえると聞いて、ないよりはあったほうがいいだろうと思って作ったものだ。

潮目

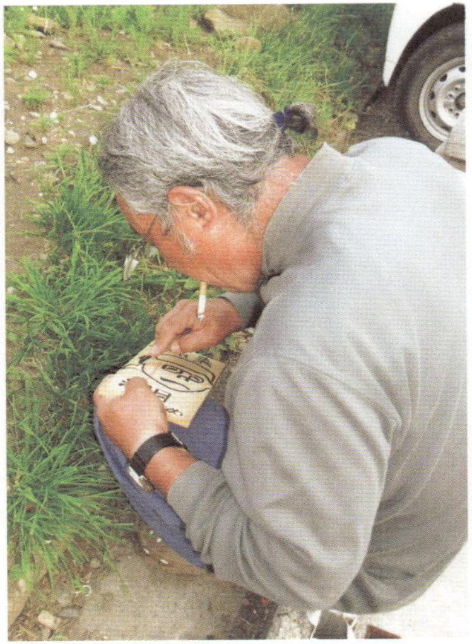

南区
潮目
大津波
資料館

大津波
資料館

2014.1.4
滑り台を作る

楽しさの裏にある作戦

ちょうどよさそうなチューブがあったから、非常階段の先から地上へと降りる滑り台と作ることにした。

もともと、非常階段を潮目の屋根裏から外に出たところに置いたのは考えがあってのことだ。それまでは屋根裏から外に出ると、屋根の上しか行き場所がなかったが、トタンの屋根に登られては危険だ。だから、屋根に登るよりも楽しいものがあれば、屋根に行くやつはいなくなるだろうということで、非常階段を置いた。さらに滑り台をつければ、もっと楽しそうに見えるだろうという考えだ。

屋根に上がるところに「危ないからダメだ」という看板を作るより、屋根に上がるよりも楽しいものを作ってそっちに気を向けさせたほうがいいという考えは、潮目の全体にも通じることだ。この作戦は、まず上手くいっていると思う。

ありがとうね!!
Thank you

2014.1.5
漁船のブランコも作る

船と丸太があったから

潮目の裏の空いている場所にブランコを作った。ブランコを作ろうと思ったのは、長いガレキが二本あったから。

ブランコを作るにあたって、ただのブランコじゃつまらない。そう考えていると、隣の土地に船が置いてあるのを思い出して、ひらめいた。

その船は元は知り合いのものなのだが、「後で使うからとっといてけろ」と言われて置いてあったものの、いつまでたっても使われる気配がなかった。だから「もらうぞ」と言って使ったんだな。

船を半分に切ったのも特に理由はなくて、運びやすいとか、そんなもんじゃなかったかなあ。

》2014.1.5 漁船のブランコも作る

南区

2014.3.1
慰霊碑の建立

ある女の子の記憶

潮目の隣には瀬尾佳苗ちゃんの慰霊碑がある。佳苗ちゃんは、越喜来で津波の犠牲になった97人の中の一人で、現在に至るまで行方不明のままである、当時大学生だった女の子だ。

佳苗ちゃんが最後に目撃されたのが、小学生の絵を展示したガソリンスタンドの近くだったようで、展示の側でガレキの中をあちこち探していた佳苗ちゃんのお父さんに声をかけたのが、最初のきっかけだった。

それから佳苗ちゃんの家族との付き合いが続いているが、震災から3年目の3.11を前に、佳苗ちゃんに会いに来てくれる友達のため、そしてどこかにいる佳苗ちゃんにとっての目印になるように、という想いを込め、慰霊碑が作られた。佳苗ちゃんの誕生日には、慰霊碑の側に飾りを立て、家族で慰霊碑を囲んで記念撮影などをしている。

one
安心

2014.3.2
復興祈願の石を配置

奇岩で祈願?

　越喜来に来ても、津波犠牲者の鎮魂や慰霊、復興祈願をする場所はない。そこで、潮目の一角にそんな場所もあったらと思い、自分で作ることにした。ゴロ合わせではあるけど、祈願と奇岩をかけて、唐《から》桑《くわ》にあった大きな奇岩を設置した。

　入口には門を置き、どこのやつかは知らないが、瀬舞太郎の門ということにして、「狭き門をくぐり抜ける」という意味が出るようにした。縁起かつぎをしたつもりだ。

潮目

2014.5.5
鯉のぼりを上げる

知らない誰かからのプレゼント

子供の日に合わせて、潮目に鯉のぼりを上げた。面白いもので、それを見た人が次々鯉のぼりを持ってきてくれ、日を追うごとに鯉のぼりが増えていった。ある日潮目に行ってみると「よかったら使ってください」という置き手紙と共に鯉のぼりが置かれていたこともあった。匿名だけれども、潮目のことを見てくれている人はいる。

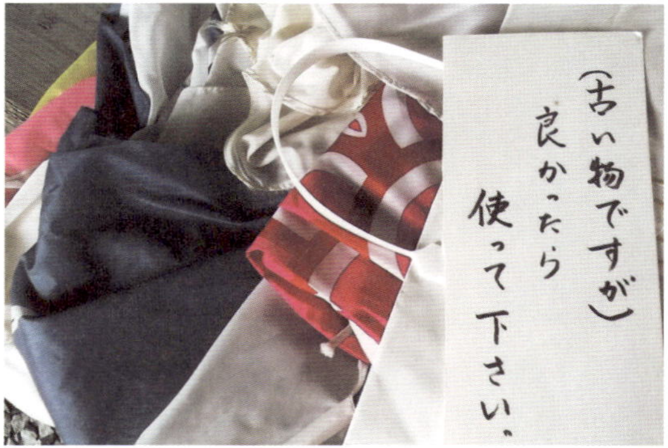

大津波資料館

》2014.5.5 鯉のぼりを上げる

波資料館
2014/05/06

2014.5.6
一本橋を掛ける

行動なくして生まれない

俺はよく言えば楽天家。物事に動じない。逆に言うと繊細さに欠ける、とても雑な奴だ。

潮目の側を流れる浦浜川に架かる橋は津波によって半分から落ちた。ちょうど真ん中にある橋台のところから折れたので、引っかかる感じで折れたのだ。だから車は通行できないが人は充分に渡れる、と思う。だが、役所は危険だといってバリケードで通行止めにした。でも対岸に渡るには近道だから、みんなが利用をやめない。ついに役所ではバリケードよりもしっかりとした柵を作って完全に通行できなくした。それならば補修や架け替えを早急にと要望したが、なかなかできない。

そこで自分で丸太橋を作ろうと思い立ち、友人の木挽きに頼んで杉丸太を切り出すことにした。「何メートルに切ればいい」と聞かれたから、「ほんだなあ、10mくらいだな」と言い、彼が用意してくれた。橋を架ける当日、何人かのボランティアもその場に来て手伝ってくれることになった。

電線をかわしかわし、やっと丸太を釣り上げて、よしきた。……ん？　ん？　なんとなんと、丸太はまるきし届かない。事前に測ればいいものだが、巻尺を取り出して計測したら、川幅は13mあった。目測もここまでくれば笑うしかない。皆に呆れられたことは言うまでもない。数日後、キチンと測量しなおして、無事に丸太の橋をかけられた。

そしてしばらくしてから、丸太の橋を視察したという役所の人間から電話あり。丸太の橋は危ないと言う。やっぱり駄目かと思ったら、「すぐに仮橋ながら鉄骨で橋をかけるから木橋を撤去します」との連絡だった。なにはともあれ、よかったかな？

2014.5.12
鬼の顔ハメパネルを設置

鬼さえも喜んで来る場所

越喜来には、鬼伝説が多い。元々は鬼喜来とか越鬼来と書いていたという説もある。地名にも、鬼沢や鬼間が崎があり、鬼の遺体が流されてきた場所として、脚《すね》崎・首崎・死骨崎まである。そういう意味で、越喜来は鬼の里だと俺は勝手に思っている。桃太郎などでは鬼は悪役として登場するが、越喜来の鬼は悪者ではない。人なつこい温厚な奴なんだな。

そもそも、鬼というのは人間のことだと思う。角が生えていたかどうかは分からねえども、俺達の祖先がこの地に入ってきた時には、きっと鬼に見える誰かがいたのだと思う。そして戦《いくさ》をしたのか、病気が蔓延したのか、鬼達はなんらかの理由で滅んだに違いない。この手の揉めごとは、世界各国にある話だ。

ほんでこんで、越喜来の鬼は良いやつだったに違いないと勝手に思っている。

鬼さえも喜こんで来ると
オキラ
幸鬼
潮目

2014.6.7-6.8
越喜来芸術祭

世界の一流どころがやってきた

　これまで潮目に関わってくれたアーティスト達を集めて芸術祭を開くことにした。「潮目芸術祭」だ。ところが計画を進めていくうちにだんだんと大きくなっていき、地元のいろいろな人達を巻き込み、越喜来の名前をつけることにした。しかし、越喜来芸術祭とはよく言った。我ながらでっかい名前を付けたもんだ。

　最初からこの日に段取りをつけていた益子焼の若手陶芸家グループ・陶ISMが行なっている、被災地に器を届けるプロジェクト「ウツワノチカラ」と、タレントのSHELLYの復興支援イベント「ラフラブ」の名前を表に出すことにして、絵画や写真は「芸術」とひとまとめにしてしまったけども、俺が代表を務める浦浜・泊地区まちづくり委員会の了承を得て、「越喜来芸術祭+ウツワノチカラ+SHELLYの

ラフラブ」が主催者となることで話がまとまった。

当初は6月8日だけのつもりで役所やマスコミに後援依頼を出しておいたんだども、陶ISMから「せっかくだから2日間にわたりやりたい」という申し出があり、途中で7日8日の2日間の開催に延長した。

SHELLYとしては、2013年にラフラブが越喜来に建てた「ラフラブハウス」周辺でやりたいだろうけども、ちょうどこの年の4月に三陸鉄道が全線復旧したこともあって、その応援の意味も込めて駅前に段取りすることにした。

動きはじめると、さらに参加者が増えていった。陶ISMの繋がりでは、茶道家と生け花が来てくれることになり、2011年の夏から潮目を撮りに来ている写真家・中村紋子の繋がりでは、トロンボーンの仲間達も参加してくれることになった。

ほんでぇ、俺も心当たりに声をかけた。まずは、大船渡東高校の太鼓を呼ぼうと決めた。地元から念仏剣舞か獅子踊りに参加してもらおう。出店も欲しいし、飲み物も欲しい。マイクも欲しいよなあ。そうすると電源が必要だな。駐車場も借りないとなあ。宿泊は公民館でよしにしよう……。

これは結構やることあるなあと思ったが、テントも含めた準備については「自分のことは自分でやってもらう」という原則で来てくれたことが一番大きい。

2014/06/07

祝 三陸鉄道南り
皆様の温かいご支援ありがとうございま
さんりく

線復活
船渡市観光物産協会

いろんな奴らが来た。来てくれた。俺が知らないだけ、知らなかっただけで、たぶん、その世界では一流の人達。本来ならば高額のギャラを支払ってでも呼べない人もいたかもしれない。画家、陶芸家、音楽家、パフォーマー、写真家、太鼓部もしかり、雄大達のよさこいチーム・極め組、茶道家、生け花。スペシャルゲストに、タレントのSHELLYまでもが来てくれた。それぞれが、それぞれの世界の一流どころ。それが越喜来に来た。これは、すごいことだ。

そして感謝しなくてはならない。越喜来の宝物になるし、自慢にさえなる。誇りにもなる。

いろんなイベントやお祭りを経験したけども、これほど楽しく、誇らしいと思ったイベントはない。

こんなイベントができたのは、潮目を伝ってみんなが集まってくれたからできたものじゃないのかな?

これだけの人達が「越喜来を好きだ」と言って来てくれるんだもの。越喜来人の大勢の奴らが越喜来を好きになり、越喜来の良さに気づいてくれて、この人達とさらに繋がってくれたら、俺は言うことはない。

越㐂来南区

IHI
KOBELCO
大津波資料館

人が集まり、潮目ができた

よく、「潮目をどうすんの?」と聞かれるが、困るんだよなあ、そういう質問は、ハハハ。というのも、もともと大した目的や目指すものなんてなかったから。2回も移動しなくてはならなくなって、もうこれでおしまいにしようと終の場所として現在の場所にしたけれど、これもちょっと先走った感がある。他人様の土地だもんなあ。どうにかして自分の土地に陣取ればなんの問題もなかったんだが、と反省もしている。

いつもの事だが、想いが先行してしまう。ただ、「みんなの仲良し広場」的な空間が創りたかったというのが本音。でも、場所がなかった。高いところでは、また「どけ」と言われてしまう恐れがあるし、低いところは「危険だ」と言って立ち入らないだろうし。そういう過程で「隠れ家」の考えになっていった。資料館だって、流れで作ったようなものだ。

当初は地元の人達は、画像も写真も津波に関してはすごく敏感で、見にくる人は稀だった。でも、落ち着いてきたときには、きっと役立つだろうという、かすかな想いがあった。

それから、ガレキとはいえ捨ててしまうのはもったいないと思ったのもあって……まあ、流れとか想いとか、たいして考えもないままに進んでいるのは間違いないなあ。

なんにも考えずにここまで来たが、なんとか建築だとか、なんとか芸術だと言ってくれる人達も現れ、これはこれはと、正直、戸惑っている。が、建築や芸術についてはその人達に任せて、自分の想いを通したい。いずれにせよ、現在の位置での潮目の保存は、他人の土地ということもあって難しいだろう。

科学のまち 三陸
LOGOS

自分名義の土地が潮目の南側にあるから、そこに移動を考えるか、事務所にしている三陸駅前の場所に移動するか、どっちかになるなとは思っている。

希望を言えば、この潮目周辺が市役所に買収されて、公共の場として認知されればベストだが、そのためには、地元越喜来を含めた世論の盛り上がりが大事だと思う。

震災以後、ここでは挙げきれないけれど、本当にたくさんの人が越喜来に集まってくれている。

いつもいつも言うんだが、越喜来自体の良さとか、越喜来に住んで生活していること自体の贅沢さを、実際に住んでいる越喜来人にもっともっと認識してもらわないといけないのだが……。そのお手伝いを潮目ができればいい。

人と人との交流や出会いが、渦を、流れを作ることによって、それができる。それこそが、潮目なんだ。人が集まり、出会いがあれば、大きな大きな潮目がきっとできる。

この6月に越喜来芸術祭を体験し、実現できたことは、ホントに大感激で大感謝。ただただ感無量。いくら難しい言葉を並べても言い表せない。

雨の中、みんなで肩を組み合い無邪気に踊ったあの瞬間に、これが潮目なんじゃないかと思った。

潮目には、色や形はない。いつでも変化しながら流れている。

そして、越喜来にだけあるもんでもない。

俺は今回の越喜来芸術祭に、ひとつの潮目を見た。参加してくれたみんなが、それぞれの想いが、熱く楽しく、ぶつかり、うねりさえ生まれたと思う。これこそが、潮目なんだ。

海の潮目は海流が作り出す光景だが、陸の潮目は人と人が作り出す最高傑作の、芸術作品だろう。

いや、作品ではなく、究極の舞台と言ったほうがいいかな?

それとも、究極の背景かもね。

潮目って、いいよ。最高。

潮目に集まった人達

潮目

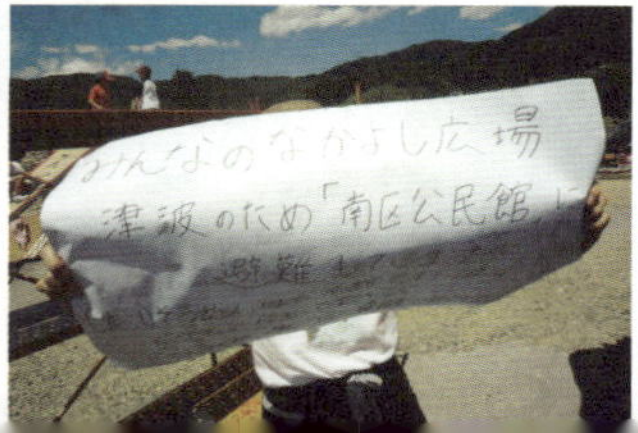
みんなのなかよし広場
津波のため「南区公民館」

工事中

潮目

工事中

2014/04/05

潮目
しおめ

潮目

前へ… 思い想い 一歩一歩
画作：子供達有志一同

くん
ももさん
結婚おめでとう

asics

復興は

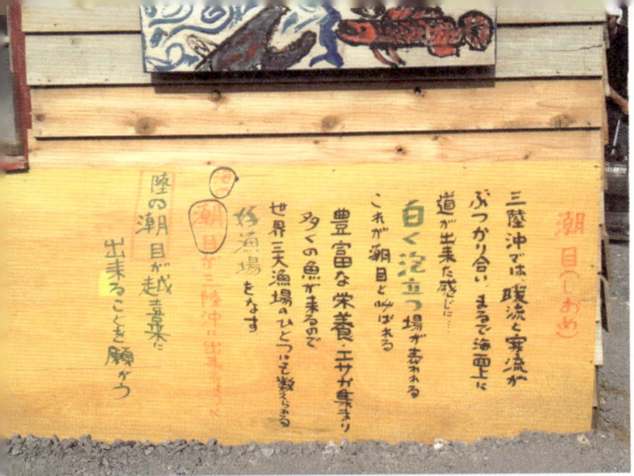

何度も来てくれた人達

ガソリンスタンドでの子供達の絵の展示のときには、国際基督教大学、東京芸大のメンバーがサポートしてくれた。彼らは今も越喜来を訪れてくれ、長い付き合いになっている。

益子焼の若手陶芸家グループ「陶ISM」は2012年から毎年越喜来で陶器市を開き、器の魅力を教えてくれている。2012年は潮目で、2013年はSHELLYのラフラブハウスで。そして2014年は越喜来芸術祭で陶器市を開いた。

タレントのSHELLYは越喜来に来て、潮目の隣にトイレを設置したり、子供が本を読んだりできる「ラフラブハウス」を建てたりしてくれた。本人が直接越喜来に来ることの大切さを理解していて、忙しい中時間を作っては越喜来を訪れてボランティアや地元の子供達と一緒に汗を流している。

自立支援のボランティア団体ハビタットは、越喜来の被災者が自分の手で家を建てるのを支援している。ハビタットがマネージメントしたボランティアは数多く越喜来を訪れている。

写真家の中村紋子は不思議な生き物だ。最初に会ったのはゲートボール場作りの作業中だが、一目見て「こいつは並のもんじゃないな」と直感した。それからずっと、越喜来の良き理解者として先導的、積極的に関わってくれている。

有志のボランティアグループであるチームオキライは住民同士の交流を深めるために、みなで集まって縄をなう、その名も「縄なうプロジェクト」を企画した。そこで作られたしめ飾りは銀座にある岩手県のアンテナショップや原宿にあるギャラリーで販売された。

そして、潮目は
これからも変わり続けていく……

付録

潮目にまつわるエトセトラ

潮目大解剖 外観編

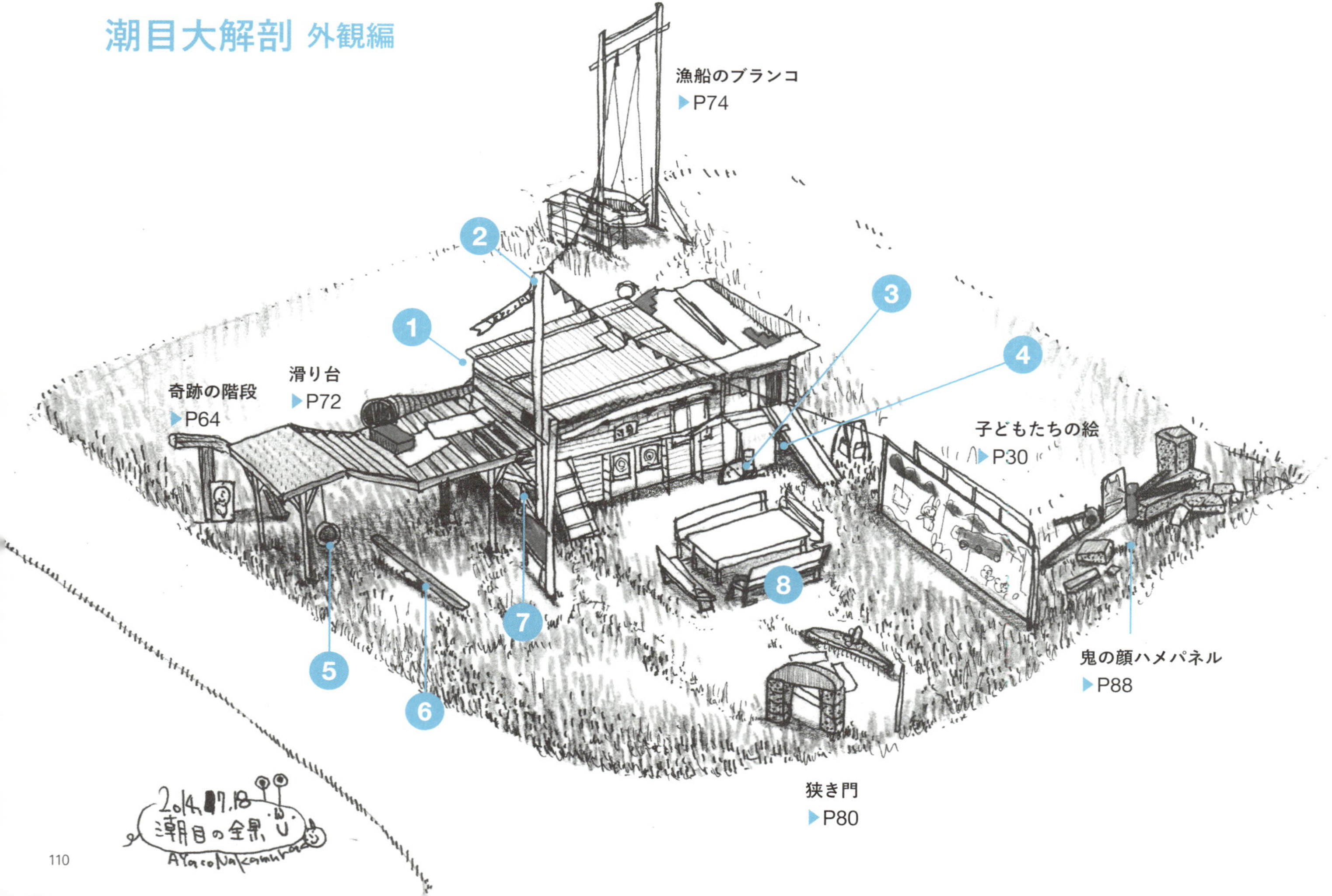

漁船のブランコ
▶P74
1
2
3
4
子どもたちの絵
▶P30
滑り台
▶P72
奇跡の階段
▶P64
5
6
7
8
鬼の顔ハメパネル
▶P88
狭き門
▶P80
2014.07.18
潮目の全景
AYacoNakamura

越喜来小学校の解体が始まるとき、OBや先生が集まり、黒板に寄せ書きをした。だが、これも置き場所がなく、とりあえず潮目の外に立てかけて保存している。

「越喜来南区復旧拠点」と書いた柱。この柱はガソリンスタンドの頃からずっと使っている木材のひとつだ。鯉のぼりを上げるのにもピッタリ。

これは越喜来小学校にあったピアノだ。PR45というNPOの新藤さんという人が保存の働きかけをして、紆余曲折あって潮目で保存している。

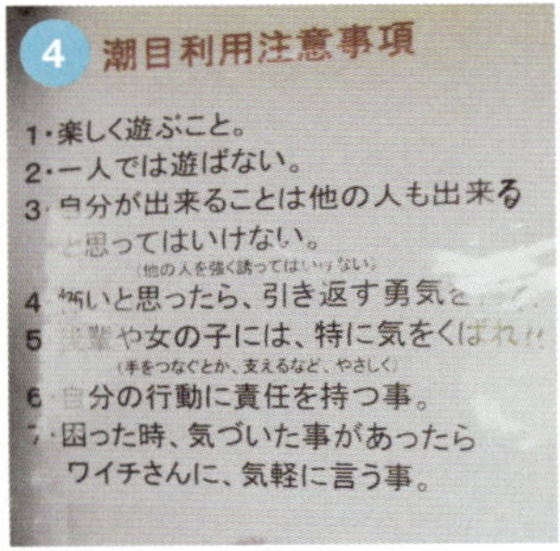

潮目で遊ぶときのルールを決めて、貼りだしてある。みんなが楽しく遊ぶためには必要なことだ。

非常階段からタイヤをぶら下げて、ブランコのように遊べるようにした。単純だけど楽しい。

梁が地面に置いてあるだけのように見えるかもしれないが、これはシーソー。大人が乗っても大丈夫。

ガレキの中にあった「浮き」に、ボランティアで来てくれた芸大生が似顔絵を描いてくれたもので、なかよし広場の頃からガレキと一緒に移動してきている。イラストは来館記念ハンコやバッジにも転用させてもらっている。

潮目の前にはお茶を飲んだり、ご飯を食べたり、自由に使えるテーブルとベンチが置いてある。天気のいい日はお弁当を持ってきて潮目でランチもオススメ。

潮目大解剖 内観編

潮目には、まだまだいろんな仕掛けがあります。
自分で行って探してみよう!

隠れ家スペース断面図

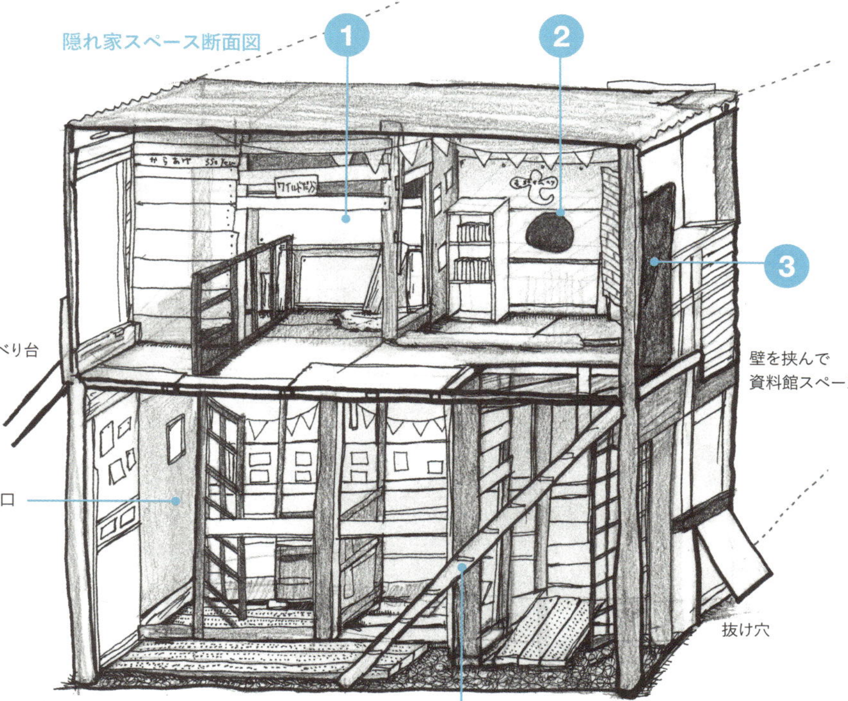

2階から外の非常階段へ抜けるせま〜い通路。這いつくばって進まなくてはいけない。「ワイルドだろう?」というのは遊びに来た子供が書いたものだ。

2階の奥の部屋から、1階の資料館を覗く穴を作った。下から見上げるのも楽しい。

潮目の2階にある秘密のカーテン。この中を覗いてはいけないヨ。

資料館スペース俯瞰図

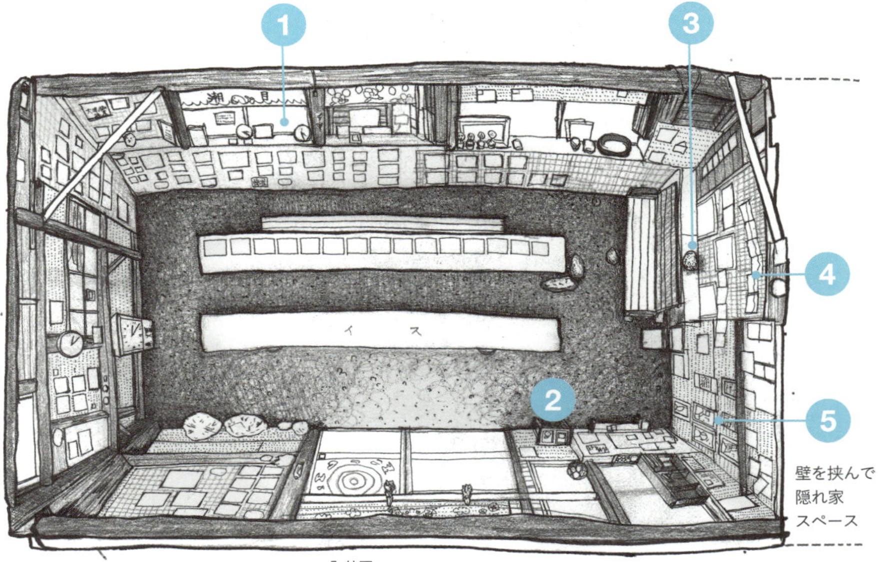

取り壊されてしまう三陸中央公民館からもらってきた掛け時計。少しずつ違う時刻が、置かれた場所によって異なる津波の到達時間を表している。

潮目の来館記念バッジを作ったので、ひとつよろしくお願いします。バッジはひとつ200円です。スタンプもあるよ。

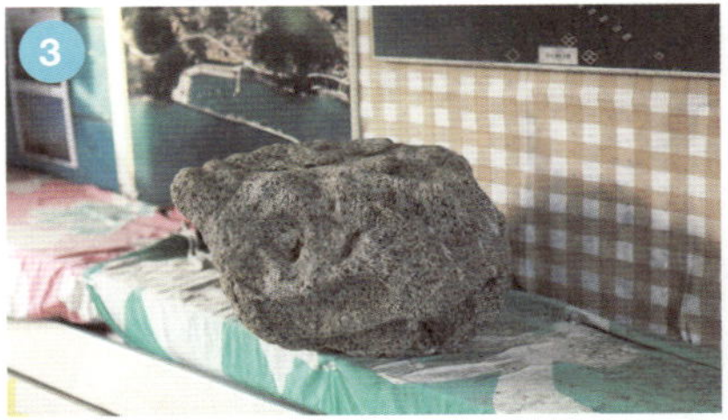

津波で壊滅的な被害を受けた三陸公民館の展示物もほとんど壊れたり無くなっていたが、記念で贈呈された「南極の石」はどっしりと残っていた。

震災前の越喜来の写真。偶然妹がパノラマ的な風景を撮っていたものがあったので、つなぎあわせて展示した。

父が作った大正の大津波の記録。父はこの資料を持って小学校で津波の怖さを語って聞かせる活動をしていた。

寄稿 「潮目」にかける夢

一級建築士　三船康道

潮目との出会い

　2013年8月、復興まちづくりのために越喜来を訪れた際、復興まちづくり委員会の委員長である片山和一良氏に「潮目」を案内された。廃材・残材が組み合わされ、ペンキで絵が描かれた、見ていて楽しい建築で、片山氏の復興にかける熱い思いを感じた。そして同時に、スマトラ島沖地震・インド洋津波における最大の被災地、インドネシアのバンダ・アチェ市で見たバラック住宅を思い出した。

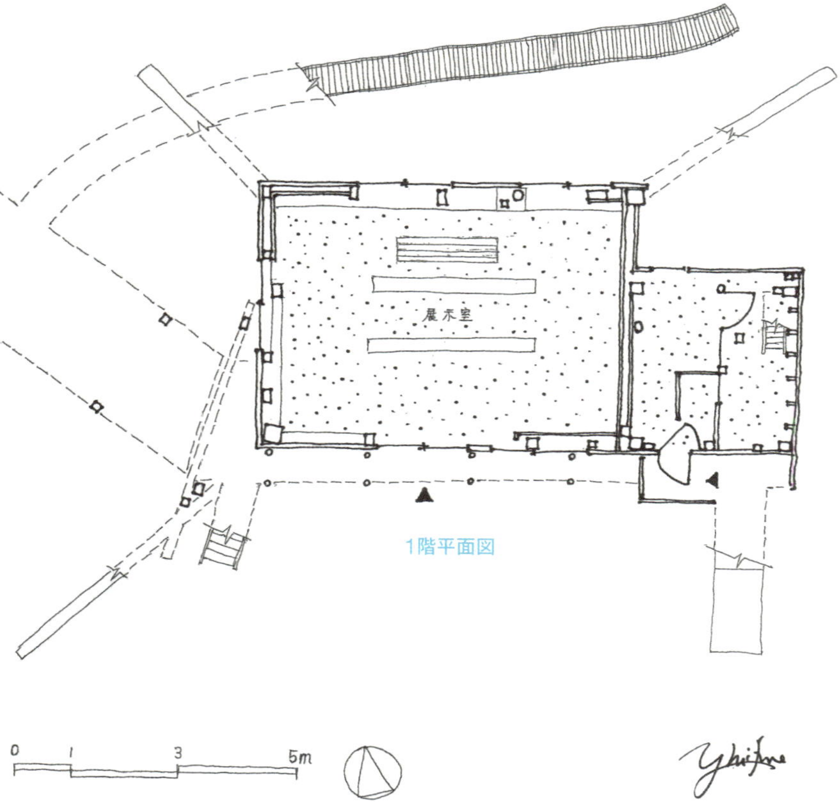

1階平面図

建物に込められた主張

　今世紀最大級の自然災害といわれるスマトラ島沖地震・インド洋津波は、2004年12月26日に発生した。多くの国や団体がその復興支援に当たったが、死者・行方不明者数約73,000人を出したインドネシア

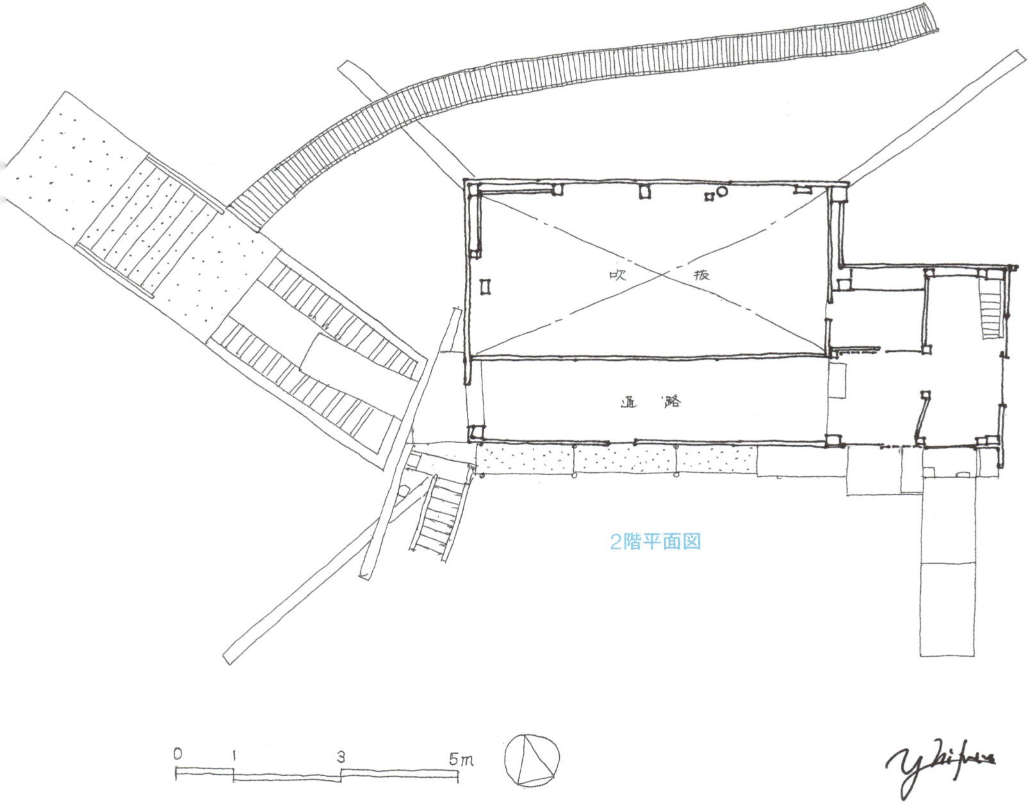

2階平面図

バンダ・アチェのバラック住宅

のバンダ・アチェ市の復興マスタープラン作成業務を我が国のJICA（国際協力機構）が受注し、私はJICAの要請により、特別防災アドバイザーとなった。その仕事の中で、2005年4月から9月までバンダ・アチェ市を数回訪れた。

被災者の住宅事情は様々で、仮設住宅に住む人、テントに住む人などがいたが、目についたのは、被災者が自ら作ったバラック住宅であった。

仮設住宅は、国連を始め各国の援助で安全な土地に建設されていたが、テントやバラック住宅は、居住禁止とされていた海岸から2km以内の地域に建設されていた。

数軒ならまだしも、これらのバラック住宅が集まり集落を形成すると壮観である。数が多いと、政府が居住を禁止しても住民

全体配置図

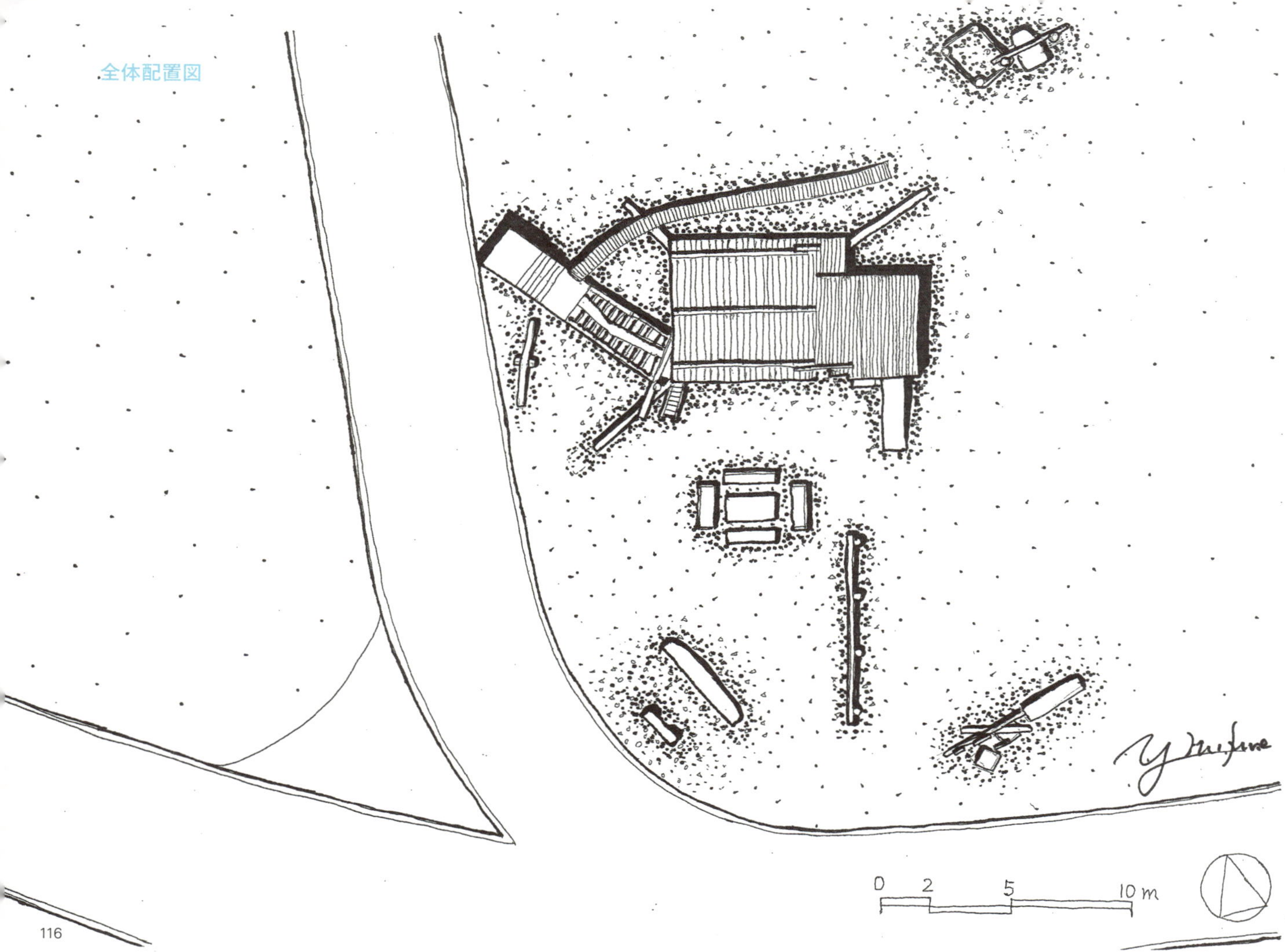

は動かない。

テントやバラック住宅に住んでいる住民にその理由を聞くと、「仕事が漁業のため、今まで住んでいた海に近くて便利な土地に住みたい。そのため、イリーガルとはわかっているが、これまで住んでいた場所で頑張っている」ということであった。バラック住宅には、被災者の人生をかけての主張があった。

一方の「潮目」も、住宅ではないものの、片山氏の熱い思いが込められており、その存在は建物や遊具を超え、一つのモニュメントとなっている。流れついた民家の太い柱や梁を使った潮目は、圧倒的な迫力で語りかけてくる。そして建物の魅力と共に、これを作った片山氏の人間的魅力にも引きつけられる。建物としての迫力と復興にかける熱い思い。それが私の心を掴んだ要因である。

建築士としての提案

第一印象で片山氏の熱い思いを感じ、「この建物を残したい」と思ったが、同時に「これはまずい!」とも思った。それは、バンダ・アチェ市のバラック住宅と同様にイリーガルだからであった。いつか「この建物を残そう」という意見が数多く出るようになった時のために、建築士として、現実的な手だてを考えなければならないと思った。

集客した方々の安全性を考えるならば、居住が禁止された低地は避け、津波の来ない高い土地への移築が必要である。
そして、解体・移築工事にあわせて、建物の構造補強をすることである。

「潮目」は基礎もなければ土台もない、穴を掘ったところに柱を挿した、いわゆる掘っ立て小屋である。これを建築基準に適うものにするには、コンクリートの基礎を作り、土台を設置することは大前提として、現在かすがいで止めている柱や梁を、ほぞの加工を行なう等の方法により構造補強を施し、建築基準に適合したものにすることが必要である。

現在使われている材料を使い移築するならば、おおよそ現在の雰囲気を保ったまま、構造的な問題をクリアすることができるだろう。

「潮目」の未来についての可能性

さて、その先の未来についてはどうだろうか。

建物の保存には文化財の制度があり、建築から50年が経過すると文化財としての最低条件をクリアする。そのうえで、現在の文化財保護法の制度で考えるならば登録有形文化財が良いと思われる。建物などの登録有形文化財の登録の基準は、①国土の歴史的景観に寄与しているもの、②造詣の規範となっているもの、③再現することが容易でないもの、である。

はたして「潮目」がこの基準を満たすかどうかであるが、私は、国土の歴史的景観に寄与するものとして、廃材・残材により東日本大震災の歴史を伝える文化財があっても良いのではないだろうかと考える。

50年後、文化財となった「潮目」を見たい!

そのためにできることは協力したい。

潮目周辺観光マップ

潮目がある越喜来の周辺には、
他にも見どころがいろいろあります。
潮目に遊びに行くときは、ちょっと足を伸ばしてみてください！

電車

三陸鉄道南リアス線・三陸駅が最寄り。東北新幹線・一ノ関駅から南リアス線・盛駅まではJRで約2時間半。盛駅から三陸駅までは23分。

車

東北自動車道・一ノ関ICから約120km。

バス

池袋駅西口から、岩手県交通・けせんライナー三陸町越喜来停留所まで、約8時間半。

宿泊施設

民宿 とまり荘

一泊二食付・7,000円〜
電話：0192-44-3322

民宿 嘉宝荘

一泊二食付・7,020円〜
電話：0192-44-2432

1 三陸駅

鉄道の場合は
“さんてつ”で

三陸鉄道南リアス線の駅舎。中では“さんてつ”グッズや記念品、軽食の販売など。かわいい看板娘のいる喫茶スペースもあり、ゆっくりできます。

2 ど根性ポプラ

津波の後も
生き残ったポプラの木

東日本大震災の大津波に負けず、今も生き続けるど根性ポプラ。元は民家の庭にあったものですが、今では越喜来のシンボルに。どこからでもよく見えます。

3 大王杉・八幡神社

すべてを見てきた
杉の大木

越喜来にある大王杉は樹齢7000年とも言われ、根回り約13.75m・樹高20mの大迫力の巨木。市の天然記念物にも指定。八幡神社の境内にあります。

4 雄滝&雌滝

静けさと美しさに
しばし時間を忘れる

林道から渓流へ降り、10分ほど歩いた場所にある高さ約3mの雌滝と、さらに10分ほど歩いた上流にある高さ約5mの雄滝。緑の中の美しさに心癒されます。

5 夏虫山・お湯っこ

1日の疲れを癒やすなら
やっぱり温泉に

三陸駅から車で10分、夏虫山の中腹にある温泉施設。宿泊もできます。近くには鹿公園やパラグライダーも。

電話 0192-44-2600
入浴 10時～21時（最終受付20時）
お食事 11時～19時（LO：18時30分）

6 ビアン

海を見ながら
絶品ハンバーグを

越喜来湾が一望できる高台にある喫茶店。ストロベリーパフェも人気です。

電話 0192-44-2442
営業 11時～19時
定休日 木曜

7 とれたて市場

とれたての魚介を
その日のうちに

当日水揚げされた旬の魚介を加工して、全国に直送中。注文はインターネットで。現地では手作りミサンガも販売しています。
http://www.sanrikutoretate.com/

8 道の駅さんりく

車で来るなら
道の駅

国道45号線の道の駅。喫茶店や物産コーナーあり。地元で採れたアワビやホタテ、ワカメなどを販売しています。

電話 0192-44-3241

9 ラフラブハウス

笑顔がこぼれる
鮮やかなペイント

タレントのSHELLYがボランティアと共に建てた子供の遊び場。地元の子供たちがペイントしたカラフルな外観が魅力です。

10 杉下の仮設住宅

いまも続いている
仮設の暮らし

大王杉の裏側、野球のグラウンドがあった場所に作られた仮設住宅。2014年6月11日現在、82世帯の人が暮らしています。

11 越喜来小学校跡地

奇跡の階段が
あった場所

現在は崎浜小学校、甫嶺小学校と統合された越喜来小学校があった場所。潮目に移設されている「奇跡の非常階段」は越喜来小学校の裏手にありました。

12 潮目

震災の記憶を
伝える場所

震災資料館・潮目は年中無休。いつでも皆さんが来るのを待っています。ちょっと大きすぎる記念スタンプも忘れずに。

おわりに　中村紋子

はじめてわいちさんにあったのは2011年8月。まだ潮目はなく、わいちさんは公園を作った後、さらにゲートボール場を作ろうとしている頃でした。

まだガレキも残っている荒廃した風景のなかでわいちさんに出会った瞬間、「このひとはこれから絶対になにかをするな」とピンときました。それは、東京でおもしろい芸術家と出会ったときの感覚と同じで、なにかを創るひと独特のオーラのようなものが、わいちさんにはありました。

そのとき私は、わいちさんがゲートボール場を作るお手伝いをしました。ゲートボール場にするためにガレキの小石をのけて、地面をならして、完成したゲートボール場で、地元のお年寄りと真剣にゲームをしました。まわりはテレビで見ていたあの被災地の風景のままです。お年寄りたちは飄々としているように見えました。

一緒にゲートボールをしながら、私はここに街があったことを、うまく想像できませんでした。どのくらいの規模の建物があって、どのくらいの商店があって、どういう町並みがあったのかもわからない風景と向かい合い、私は何もできることはなく、きっとわかってあげられることもないんだろうなあ、という気持ちになりました。起こったことが圧倒的すぎて、被災地の人たちの過去のことをわかってあげることなど絶対にできないと思ったのです。

同時に、それならば、これから起こる未来をちゃんと見たいと思いました。すでに起こったことではなく、未来につながる「創る」ことのお手伝いくらいしか、私にはできることがないのですから。私は幸運にも、その「創る」ができる人に、初めて行った越喜来で出会えてしまったのでした。

わいちさんは、いつも「街をああしたい、こうしたい」という話をしています。街の復興の具合や、いま来ているボランティアの人の話。潮目も、個人の楽しみではなく、子供たちの遊び場にしたいとか、外から来る人と越喜来の人の交流の場所にしたいと言っています。おもしろい表現をしたいから創っています、というのでは全然なくて、みんなを楽しませて、いろいろな人の交流地点にするために創っているのです。そういう意味で、わいちさんの創っているものは「作品」と呼ばれるものとは少し違うかもしれません。でも、潮目という建物を創り続けることで集う人たちを交流させ、新しい試みを起していく、ということは、ひとつの物としての作品を超えたクリエイティブな行ないではないでしょうか。

この先、復興と共に越喜来の街の風景も変わっていくことでしょう。その中で潮目が持つ「ここでなにがあったのか」を伝える意義は、ますます重要さを増していくはずです。潮目を形作っているものひとつひとつの過去や、中にある写真たちが、私のように外から来た人間にいろんなことを教えるように、未来において震災を経験していない人たちにもいろんなことを伝えていくのではないでしょうか。そのとき、潮目のもつ建物としてのおもしろさや、その成り立ちの物語が、みなを引き寄せる要因になると思っています。

小難しく書いてきましたが、一言で言うと、私は潮目が好きです。行き当たりばったりでここまで大きくなってきた成り行きも、手作りの遊具や、ちょっと書かれたダジャレなどユーモアいっぱいの風貌も、すごくおちゃめでかわいくて、大好きです。そして潮目を見ると、自分はわいちさんのように、被災をしながらもまわりも楽しませるものを創っていけるだろうかと自問します。

今回、私だけではなく大勢の人の写真でこの本を作ったのは、ひとつは、そうすることが「たくさんの人が交わる“潮目”でありたい」という建物のコンセプトに合っていると思ったからです。そして、潮目がどのような経過をたどってきたのかは、私だけのものの見方ではなく、いろいろな目線からの写真で構成したほうがより正確なものになると思ったからです。沢山の写真を提供してくださった皆様、ありがとうございます。

これからも潮目と越喜来が、沢山の方の写真と記憶の中に写されていくことを期待しています。どうぞみなさま、本をもって是非現地へお出かけください。

わいちさんは、「一番の応援はお金じゃなくて、現地に来てくれることだ」と言い続けています。この本を手に取った皆さんが、潮目を見たいなと思い、そして実際に越喜来へ行ってくだされば、こんなにうれしいことはありません。是非、直接、潮目と越喜来を訪ねていただけたらと思います。

最後に、私たち外部の人間をいつもあたたかく受け入れ、交流してきたくださった片山夫妻に深い感謝をおくります。どうもありがとうございました。

写真を提供していただいたみなさま

この本では、多くの方に
「潮目」にまつわる写真を提供していただきました。
そのお名前とともに、みなさまに寄せていただいた一言をご紹介します。

稲毛美紗　カメラマン
中村さんに誘われて、羊のお家に絵を描くお手伝いをする為に、初めて越喜来へいきました。

今井梨絵　陶ISM実行委員
潮目、そして越喜来芸術祭を造り上げたアーティストわいちさん。また越喜来で一緒に何かを作りたいです!

おおのみわ　カメラマン
なにもかもが流された越喜来のガソリンスタンドは、フシギと希望のあふれる力強い場所でした。

片山京子　和一の妹・豪州在住
越喜来のために自分の写真が役に立てるなんて大感激♪兄と越喜来を応援してくれる皆さんに心より感謝です♪

片山月江　和一良の妻
田舎の無い方はもちろんあるかたも、越喜来を自分の田舎と思って気軽に遊びに来て欲しい。

加藤なおみ　チームオキライ
とびっきり笑顔のワイチさんの写真に惹き寄せられ……運命のように「潮目」に辿り着き、今では第二の故郷に!!

佐々木洋枝　アラレちゃん
人に惚れて人は集まるんだなと本当に思う。わいちさんとつっきーさんも潮目だ。

じえ紗友梨　写真家
母の生まれ故郷にある潮目。20年ぶりに帰った郷里で良い縁を頂きました。三陸駅に降りた時感無量でした。

柴田早穂　東京芸術大学
生きている人たちが生きていくために、復旧していく町並みや人の笑顔を見て“生きる姿”そのままを感じました。

白井卓馬　ハビタットジャパン
「潮目」名前の由来。「潮がぶつかる場所」を転じて「人が出会う場所」にしたい。センスがキラリと光った。

高崎美智子　遠野まごころネット（当時）
がれきから生まれた「潮目」は越喜来の希望の象徴。わいちさんやみんなの想いが詰まった大切な宝箱です!

寺尾祐一　チームオキライ
ワイチさん、これからもよろしくお願いします。

内藤善久　**NPO法人リグリーン理事長**

「潮目」そのものが和一良さんです。それを理解するには独特の磨かれた感性が必要です。

成島一仁　**遠野まごころネット**

片山さんのアイデア満載の潮目。裏の青いベンチは通りがかりの女子高生達に持ち上げてもらいました。

二階堂明弘　**陶芸家（陶ISM代表）**

被災地に陶芸家達と器を届け続けてきました。2012年から越喜来を訪れ、芸術祭にも参加でき幸せです。

平野 倫　HIRANORIN OFFICE.

三陸の自然がみせる起喜来の美しい風土こそ観てほしい本当の作品。そのきっかけになればと思います。

古内一史　**会社員**

わいちさんは同じ越喜来地区の先輩、妹の京子さんは小中の先輩で20代の頃一緒に青年会活動をしていました。

松村亮太郎　**茶人 SHUHALLY代表**

「僕が社会人になるまで毎年来てね!」三陸で出来た新しい弟子達の為に来るしかねーだろバカヤロー！

水島尚喜　**聖心女子大学教授**

子供たちが描いた「未来の越喜来」は、創造への「ゲルニカ」。「潮目」は、和一良さんの真心が可視化された「メルツバウ」。

三橋 円　**チームオキライ**

いろいろなモノがつながっている「潮目」は、いろいろなヒトがつながっていくワイチさんのようです。

三宅寛幸　**会社員**

三陸大王杉前でのある方との出会いが潮目を知ったきっかけ。越喜来の不思議な力に引き寄せられたようです。

山口篤則　**チームオキライ**

震災直後、瓦礫を背景に走り廻る子供達の笑顔が今でも忘れられません。良い出会いをありがとうございます!

山下友宏　**会社員（一般ボランティア）**

潮目の写真集の出版となり、よかったです。子供達が描いた絵がすきです。

PROFILE

片山和一良 かたやま わいちりょう

1951年岩手県生まれ。有限会社片山建設社長。南区公民館区長。浦・泊まちづくり委員会代表。県立盛岡工業高校時に、オール岩手選抜の一員で、背番号3のフォワードとして、長崎国体ラグビー大会に出場し3位の実績を持つ。好きな音楽はド演歌。

中村紋子 なかむら あやこ

1979年埼玉県生まれ。芸術家。写真と絵をメインに作品を制作し国内外で発表している。作品には写真集『Silence』(2011年、リブロアルテ)、BギャラリーとBEAMS Tにて定期的に発表を続けている“USALYMAN”、少年ジャンプに対抗し自力で発刊続けていた“週刊あやこ”等。好きなものはアイス。特技は電波ですてきな芸術家を発見すること。

寄稿「潮目」にかける夢

三船康道 みふね やすみち

岩手県盛岡市生まれ。東京大学大学院修了。ジェネスプランニング(株)代表取締役。一級建築士。希望郷いわて文化大使。

[調査協力]

小島 完　祥友建設（有）代表取締役
鶴見克巳　（株）鶴見瓦店 代表取締役